BEI GRIN MACHT SICH IHR WISSEN BEZAHLT

- Wir veröffentlichen Ihre Hausarbeit,
  Bachelor- und Masterarbeit

- Ihr eigenes eBook und Buch -
  weltweit in allen wichtigen Shops

- Verdienen Sie an jedem Verkauf

Jetzt bei www.GRIN.com hochladen und kostenlos publizieren

Bibliografische Information der Deutschen Nationalbibliothek:

Die Deutsche Bibliothek verzeichnet diese Publikation in der Deutschen National-
bibliografie; detaillierte bibliografische Daten sind im Internet über http://dnb.d-
nb.de/ abrufbar.

Impressum:

Copyright © 2015 GRIN Verlag, Open Publishing GmbH
Druck und Bindung: Books on Demand GmbH, Norderstedt Germany
ISBN: 978-3-668-06786-8

Dieses Buch bei GRIN:

http://www.grin.com/de/e-book/308009/die-flugzeugforschung-im-dritten-reich-
und-ihre-anwendung-in-der-deutschen

Florian Lange

Die Flugzeugforschung im Dritten Reich und ihre Anwendung in der deutschen Luftwaffe während des zweiten Weltkriegs

GRIN Verlag

Gymnasium Oedeme

Seminarfach – Physikalische Forschung zur Zeit des
Nationalsozialismus

FACHARBEIT ZUM THEMA

DIE FLUGZEUGFORSCHUNG IM DRITTEN REICH UND IHRE UMSETZUNG IN DER DEUTSCHEN LUFTWAFFE WÄHREND DES ZWEITEN WELTKRIEGES

Vorgelegt von:

Florian Lange

Melbeck, 01.03.2015

Inhaltsverzeichnis

1 Einleitung

Als die Nationalsozialisten 1933 mit der Ernennung Adolf Hitlers zum Reichskanzler an die Macht kamen, fanden sie eine rückständige Luftwaffe vor und es galt, diese so schnell wie möglich für den bevorstehenden Weltkrieg wiederaufzubauen.

Jedoch war nicht nur der Wiederaufbau erklärtes Ziel der Nationalsozialisten, viel mehr wollten sie ihre Forschung in der Hinsicht vorantreiben, als dass sie planten, sowohl in den Schlachten am Himmel als auch in den Forschungsstätten am Boden den Gegnern ebenbürtig, wenn nicht sogar überlegen zu sein.

Doch wie erreichten die Nationalsozialisten dieses Ziel? Wie sah die Arbeit in den Luftfahrtforschungslaboren aus? Und wie wurden die Forschungsergebnisse letztlich auf dem Schlachtfeld angewendet?

Mit diesen Fragen möchte ich mich in der Arbeit beschäftigen und dabei vor Allem auf den Aspekt der Anwendung der Forschungsergebnisse auf die Luftfahrzeuge der Zeit fokussieren.

Um auch dem zweiten Teil des Titels gerecht zu werden, werde ich mich im weiteren Verlaufe des Textes mit der Messerschmitt 262, einem von den Nationalsozialisten entwickelten Kampfflugzeug und seiner Entstehungsgeschichte beschäftigen, welche gut die damaligen Gepflogenheiten und Verfahrensweisen in der Entwicklung und Erprobung von Luftfahrzeugen widerspiegelt.

Dieses Flugzeug ist in der Hinsicht bedeutsam, als das es das erste Kampfflugzeug war, welches von Strahlturbinen und nicht mehr von Kolbenmotoren angetrieben wurde.

Doch der Weg zu diesem Flugzeug war beschwerlich. So galt es etliche Rückschläge hinzunehmen und immer wieder neu auftretende Probleme in kürzester Zeit zu lösen.

Im letzten Kapitel werde ich den Konflikt thematisieren, der sich durch Adolf Hitlers Wunsch, aus der Messerschmitt 262 einen Bomber zu bauen, ergab und der letzten Endes nach Hitlers Durchsetzung das Ende dieses Musters bereits im Voraus bedeutete, obwohl es noch gar nicht im Einsatz gewesen war.

2 Nationalsozialistisch-luftfahrttechnische Forschungsanstalten

Obgleich die Bedingungen des Versailler Vertrages dies eigentlich verboten hätten, begannen die Nationalsozialisten nach Adolf Hitlers Machtergreifung alsbald mit der Forschung an Waffensystemen und Kriegsgerät, um den großen Rückstand gegenüber den anderen Nationen auf diesen Gebieten aufzuholen.[1]

Jedoch war ihnen nicht nur an einer Ebenbürtigkeit auf dem Schlachtfeld gelegen, sondern sie planten vielmehr eine Überlegenheit ihrerseits in allen Bereichen, egal ob in der Luft, auf dem Wasser oder an Land.[2]

Und die nationalsozialistische Führung hielt Wort, denn alle finanziellen Mittel für jene Forschungsarbeiten, die vor der Machtübernahme der Nationalsozialisten den Wissenschaftlern in Deutschland verwehrt wurden, wurden ihnen zur Verfügung gestellt.[3]

Um die Organisation der Forschung zu verstehen, bietet sich hier eine Erklärung der genauen Zusammenhänge an:

Die Oberhand über alle Forschungsstätten, Institute und Anstalten hatte das Reichsluftfahrtministerium (im Folgenden RLM), welchem der Rittmeister a.D. Adolf Baeumker vorsaß und damit als höchster Verantwortlicher der Luftfahrzeugforschung galt.[4]

Dem RLM unterstellt waren 8 sogenannte Großforschungszentren, zu welchen auch beispielsweise die Aerodynamische Versuchsanstalt (AVA) zählte. Des Weiteren kooperierten die zuständigen Minister gezielt mit Universitäten und der Forschung der Industrie, wann immer ihnen ein Projekt vielversprechend und ihrem eigenen Ziel förderlich erschien.[5]

Klar zu erkennen in diesen Organisationen war die Durchsetzung der NS-Ideologien, die von den Nationalsozialisten streng kontrolliert wurde. So wurde beispielsweise in der Deutschen Forschungsanstalt für Luftfahrt (DFL) in Arbeitsgruppen aus jeweils vier oder fünf Mitarbeitern gearbeitet, welche sich einem bestimmten Thema zuwandten. Die Leiter der Arbeitsgruppen hatten in ihnen

---

[1] Maier 2007, S.104
[2] ebd
[3] ebd
[4] ebd
[5] ebd

weitgehende Befehlsgewalt und konnten autarke Entscheidungen fällen. Dies deutet auf eine Verbindung zum so genannten „Führerprinzip" der Nationalsozialisten hin, welches die weitgehende Alleinverantwortlichkeit einer einzelnen Person vorsieht.[6]

Doch dieser Fortschritt verlangt seinen Preis: So wurden in denjenigen Forschungsanstalten, in denen nicht an der Technik, sondern an der Verbesserung der Arbeitsbedingungen im Cockpit für den Piloten geforscht wurde, vermehrt von den Flugmedizinern auf Häftlinge aus nahegelegenen Konzentrationslagern zurückgegriffen, welche dann die - oftmals aus wissenschaftlicher Sicht fragwürdigen - Versuche über sich ergehen lassen mussten.[7]

Außerdem wurden, vor allem in der AVA und dem Forschungsinstitut für Kraftfahrwesen und Flugzeugmotoren (FKFS), Zwangsarbeiter für die Forschung und die Produktion einzelner Prototypen eingesetzt, welche nicht selten ebenfalls aus den Konzentrationslagern der Umgebung stammten. Und aus diesem Grund bekamen die Menschen in Deutschland aufgrund dieser fragwürdigen Forschungsmethoden Zweifel an der Glaubwürdigkeit der Wissenschaft.[8]

Als 1935 mit dem Erlass der Nürnberger Rassengesetze die „Gleichschaltung" beschlossen wurde, verloren die meisten Forschungsinstitute im Zuge der Massenentlassungen angesehene jüdischer Forscher aufgrund des „Gesetz[es] zur Wiederherstellung des Berufsbeamtentums".[9]

Unter den Entlassenen war unter anderem auch der Leiter des flugtechnischen Instituts der Technischen Hochschule Aachen, Theodore von Kármán. Dieser konnte große Erfahrung auf dem Gebiet der Flugzeugforschung aufweisen und war weit über die Grenzen des Deutschen Reiches anerkannt.[10]

Bald jedoch wurde Kritik an den Forschungsmethoden der Nationalsozialisten laut. In keiner der NS-Forschungsanstalten gab es klare Pläne, wer zu welchem Thema forscht und was über kurz oder lang erwartet wird. Aus diesem Grunde

[6] Maier 2007, S.109
[7] Maier 2007, S.105
[8] ebd
[9] ebd
[10] Maier 2007, S.106

6

beklagten sich viele Wissenschaftler und Verantwortliche über die fehlende Korrespondenz der einzelnen Forschungsstätten untereinander.[11]

Dementsprechend war es abzusehen, dass es in den verschiedenen Forschungsstätten nicht nur einen Fall von Doppelarbeit gab - in vielen Fällen unnötig, wenn es eine bessere Koordination der Forscher untereinander gegeben hätte.[12]

Gerade in der heutigen Zeit wird unter Historikern gern spekuliert, wie der Krieg verlaufen wäre, wenn die Forschungsarbeit der Nationalsozialisten effektiver gestaltet worden wäre.[13]

Es gab jedoch weitaus seltener den Fall, dass genau diese so oft kritisierte Doppelarbeit verantwortlich für den schnellen Fortgang der Forschung war - doch dazu im folgenden Kapitel mehr.

Aus genau diesem Grunde gründeten die Nationalsozialisten im April 1933 die Vereinigung für Luftfahrtforschung (VLF), die diese Probleme durch eine Angliederung der bereits bestehenden Forschungsorganisationen lösen sollte.

Ganz entgegen aller NS-Prinzipien wurde in dieser Anstalt ein dezentralistisches System, gleich dem der DFL eingeführt, in welchem die Forschung ebenfalls in hoch spezialisierten Arbeitsgruppen organisiert wurde, jedoch wurde aus den Fehlern der Vergangenheit gelernt und eine intensive Zusammenarbeit der Arbeitsgruppen sichergestellt, indem sich die Arbeitsgruppenleiter gegenseitig als Leiter beziehungsweise Stellvertreter der Gruppe kontrollierten und so eine Art Verschränkung der jeweiligen getrennten Forschungsgruppen sichergestellt werden konnte.[14]

Noch einen Schritt weiter gingen die Nationalsozialisten im Jahre 1936, als sie das Reichsamt für Wirtschaftsausbau (RWA) gründeten, welches sich auf die Erforschung und Erprobung von Materialien und Werkstoffen, die für die Rüstungsindustrie von Bedeutung waren, spezialisierte.[15]

---

[11] Maier 2007, S.110
[12] Maier 2007, S.110f
[13] Maier 2007, S.110
[14] Maier 2007, S.111
[15] Maier 2007, S.112f

Zum Abschluss dieses Kapitels zeigt die Karte die jeweiligen Standorte verschie-
dener Erprobungsstätten, in welchen die Nationalsozialisten Luftfahrt- und Waf-
fentechnologien erprobten.

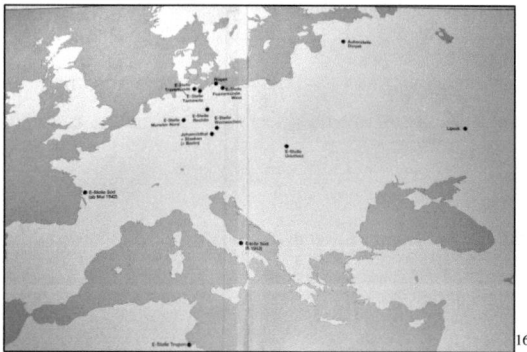

16

Gut zu erkennen ist die Verteilung der einzelnen Forschungsstätten über Europa,
Nordafrika und Russland.

Es fällt weiterhin eine Konzentration der Erprobungsstellen in Norddeutschland
auf mit ebenfalls für die Marine wichtigen Standorten wie Travemünde oder der
Insel Rügen.

Mit der Erprobungsstelle Munster-Nord befindet sich eine solche sogar in unserer
Nähe.

3 Die Messerschmitt 262 - eine Entwicklung der National-sozialisten

Um den hohen Anforderungen der Nationalsozialisten an ihre Waffen- und
Kampfsysteme gerecht zu werden, waren die Konstrukteure der Flugzeugherstel-
ler immer öfter dazu gezwungen, die eigenwilligsten Lösungen zu finden, damit
die Flugzeuge die geforderten Standards an Reichweite, Bombenzuladung und
einfache Steuerbarkeit zu erfüllen.

Als bald die Leistung der konventionell mit Kolbenmotor und Propeller betriebe-
nen Flugzeuge nicht mehr ausreichte, wurde der Wunsch nach der Entwicklung
eines Flugzeuges mit Strahltriebwerk laut.

---

[16] Bildquelle: Benecke 1989, Umschlaginnenseite

8

Und diesem Wunsch kamen erstmalig in der Geschichte der Fliegerei die Entwickler der Firma Messerschmitt nach. Sie entwickelten ein Flugzeug, welches aufgrund des Turbinenantriebes bisher unerreichte Leistungen im Bereich der Geschwindigkeit und Wendigkeit erreichen sollte.

Jedoch ergab sich ein Problem. Fast keiner der Hersteller der bisherigen Motoren war in der Lage, in kurzer Zeit Strahltriebwerke herzustellen und diese zu erproben.

Glücklicherweise hatten die Bayrischen Motorenwerke (BMW) und auch die Motorenwerke der Firma Junkers Flugzeugbau (JuMo) Aufträge des RLM zur Entwicklung von Strahlturbinen erhalten und sich bereits seit geraumer Zeit mit der Entwicklung von Triebwerken befasst und waren bereit, Prototypen für erste Probeflüge bereitzustellen.[17]

Nachdem auch Messerschmitt mit der Produktion der Prototypen begann, wurde festgelegt, zwei Versionen zu bauen. Da die Ingenieure bei BMW mit ihren Entwicklungen weiter fortgeschritten waren, plante man eine Version 1 (ME262 V1) mit den Turbinen von BMW zu bauen und später, bei Vervollständigung der JuMo-Motoren die zweite Version (ME262 V2) mit den JuMo-Triebwerken zu erproben.[18]

Und so kam es, dass am 07.06.1938 die Projektunterlagen von der Firma Messerschmitt an das RLM gesendet wurden und dass im Dezember selben Jahres die erste Begutachtung des Prototypen durch Ingenieure und Funktionäre des RLM stattfand.[19]

Es dauerte nur gute zwei Jahre bis dem RLM die Meldung einging, die ME262 sei bereit zur Aufnahme der Erprobungsflüge.

Die Messerschmitt-Konstrukteure errechneten für das mit Strahltriebwerken ausgestattete Flugzeug eine Höchstgeschwindigkeit von ungefähr 800 Kilometern pro

---

[17] Ziegler 1978, S.16
[18] ebd
[19] Ziegler 1978, S.19

Stunde, welche circa 300 Kilometer pro Stunde über der Geschwindigkeit lag, die Flugzeuge mit Kolbenmotor erreichen konnten.[20]

Der erste Testflug fand am 18.04.1941 statt. Da weder BMW noch JuMo die Triebwerke bis zu diesem Termin fertigzustellen vermochten, erfolgte dieser mit einem Kolbenmotor und Propeller, welcher in der Nase des Flugzeuges untergebracht war.[21]

Dieser verlief bis auf einige kleine Probleme mit dem Seitenleitwerk, welches bei hoher Geschwindigkeit zu schwingen begann, problemlos und im Winter des Jahres 1941 erfolgten die ersten Testflüge mit Strahltriebwerken und - aus Sicherheitsgründen noch nicht entferntem - Kolbenmotor.[22]

Und es erwies sich als weise für den Piloten, den Motor als Reserve zur Verfügung stehen zu haben. Der damalige Cheftestpilot der Messerschmitt-Werke, Fritz Wendel, berichtete davon, dass bei diesem ersten Flug bereits auf einer Flughöhe von 50 Metern beide Triebwerke ausfielen und er nur durch den Zusatzmotor in der Lage war, das Fluggerät und sich selbst vor schweren Schäden und Verletzungen zu bewahren.[23]

Wie sich nach der geglückten Landung herausstellte, waren im Triebwerk jene Schaufelblätter, die die Luft vor der Brennkammer verdichten, aufgrund der hohen Temperaturen im Triebwerk teilweise gebrochen und geschmolzen, sodass die Triebwerke für weitere Testflüge unbrauchbar wurden.[24]

Nach diesem Zwischenfall versuchten die Entwickler von BMW, den Fehler durch den Einsatz höherwertiger Materialien und einer besseren Verarbeitungstechnik zu eliminieren.[25]

---

[20] Ziegler 1978, S.16
[21] ebd
[22] Ziegler 1978, S.20
[23] Ziegler 1978, S.21
[24] ebd
[25] Ziegler 1978, S.21

In diesem Zusammenhang tat sich, wie bereits beschrieben, die Doppelarbeit als Vorteil heraus, denn nachdem BMW keine Treibwerke mehr für die weitere Erprobung bereitstellen konnte und da diese schnellstmöglich fortgesetzt werden musste, konnten die Messerschmitt-Entwickler nun auf die Triebwerke der Junkers Motorenwerke setzen, diese in die ME262 einbauen und so den eng vorgegebenen Zeitplan, der für die Erprobung vorgesehen war, einhalten.[26]

Jedoch entstand bald ein neues Problem.

Aufgrund des fehlenden Luftstromes des nun nicht mehr in der Nase angebrachten Motors mit Propeller fehlte dem Höhenruder während des Startvorgangs die nötige Strömung, die die Wirkung des Ruders ermöglicht.

Dieses Problem verstärkte sich zusätzlich durch die Spornradkonstruktion des Flugzeuges, bei welcher das Flugzeug nicht mit einem Bugfahrwerk in der Nase den Boden, sondern mit dem Heck den Boden berührt und sich somit auf dem Boden in einer Hecklage befindet.

Deshalb war es beim Start nötig, bei einer Geschwindigkeit 180 Kilometer pro Stunde das Flugzeug kurz anzubremsen und somit für eine Anhebung des Hecks zu sorgen, sodass dieses die nötige Strömung erhielt.[27]

Wendels Versuche mit dieser unkonventionellen Startmethode gelangen. Die Richtlinien des RLM für Luftfahrzeugkonstrukteure sahen jedoch eine einfache Handhabung ihrer Flugzeuge vor und so entschied man sich im RLM, die ME262 von einem Testpiloten der nahegelegenen Erprobungsstelle Rechlin fliegen zu lassen, um die Erfüllung der Anforderung zu überprüfen.
Die Wahl fiel auf Heinrich Beauvais, der als einer der erfahrensten Piloten die ME262 fliegen durfte.
Bei einem Treffen besprachen Wendel und Beauvais die Besonderheiten und Abläufe im Cockpit und am 17.08.1942 erfolgte der erste Probeflug mit einem nichtfirmeneigenen Piloten.[28]

---

[26] ebd
[27] Ziegler 1978, S.26
[28] Ziegler 1978, S.29

Beim Start ereignete sich dann die Katastrophe: Beauvais konnte die Maschine nicht vom Boden abheben lassen und rollte mit einer Geschwindigkeit von 180 Kilometern pro Stunde in ein die Landebahn umgebendes Kornfeld.[29] Beauvais zog sich nur eine Schnittverletzung am Daumen zu und das Flugzeug war nach Behebung der Schäden bald wieder einsatzbereit.[30]

Nach diesem Unfall wurde im RLM der Wunsch laut, die ME 262 mit einem Bugrad auszustatten, damit das Höhenruder permanent angeströmt und das gefährliche Bremsmanöver so überflüssig gemacht werden sollte.

Fortgesetzt werden konnte die Erprobung am 1. Oktober 1942, nachdem der erste Prototyp ebenfalls mit den JuMo-Triebwerken ausgerüstet war.

Auf der Dreiseitenansicht der ME262 auf der vorigen Seite ist bereits die Neuvariante mit Bugrad zu erkennen.

Als eine ganz große Neuerung in der damaligen Flugzeugwelt möchte ich noch auf das Cockpit des Flugzeuges eingehen.
Im Folgenden sind zwei Cockpitfotos, einmal von der ME262 (rechts) und ihrem Vorgängermodell, der BF109 (links), zu sehen.

---

[29] Ziegler 1978, S.30
[30] ebd
[31] Bildquelle: Nationalmuseum der Luftwaffe der Vereinigten Staaten von Amerika, http://www.nationalmuseum.af.mil/shared/media/photodb/photos/070703-F-1234S-002.jpg
[32] Bildquelle: MilitaryFactory, http://www.militaryfactory.com/cockpits/imgs/messerschmitt-bf109g10.jpg

Man erkennt deutlich die verbesserte Instrumentenausstattung der ME262, welche dem Piloten, gerade auch bei schwierigen Sichtbedingungen, wie Nebel oder in der Nacht eine bessere Orientierung ermöglichte.

Des Weiteren wurden in der ME262 mit Beginn der Ära der Strahlturbinenflugzeuge auch erstmals Instrumente zur Überwachung der wichtigsten Triebwerksparameter verbaut, was dem Piloten eine frühzeitige Erkennung von möglichen Unregelmäßigkeiten ermöglichte.

Der Faktor Motor war bei den Vorgängerflugzeugen mit Kolbenmotor oftmals ein Grund für eine Notlandung, wenn nicht sogar ein Absturzgrund gewesen, da die Motoren, oft über lange Zeit hohen Belastungen ausgesetzt, häufig ausfielen und vom Piloten im Flug nicht wieder neugestartet werden konnten.
Gerade Notlandungen in feindlichen Gebieten bedeuteten für den Piloten oft den Tod oder Kriegsgefangenschaft.

4 Die Messerschmitt 262 im Zweiten Weltkrieg

Wie bereits im vorigen Kapitel geschildert, eignet sich die ME262 aufgrund ihrer, den gegnerischen Flugzeugen weit überlegenen Geschwindigkeit hervorragend als Abfangjäger, um Luftangriffsstellungen zu bekämpfen.

Hitler hatte mit diesem Flugzeug jedoch einen anderen Plan:

Er plante, die ME262 aufgrund ihrer hohen Schubkraft als Bomber einzusetzen und mit einer Bombenlast von 1000 Kilogramm zu bestücken.[33]

Zwar hatten ihm Göring und auch Willy Messerschmitt versichert, die ME262 könne eine solche Last tragen, im selben Atemzug aber auch zu bedenken gegeben, dass dieses Flugzeug als Abfangjäger oder als Jagdbomber wesentlich bessere Leistungen erbringen könnte. [34]

---

[33] Ziegler 1978, S.62
[34] Ziegler 1978, S.58

Mit einer Bombenlast von 1000 Kilogramm bestückt, gingen die ehemaligen Vorteile der Geschwindigkeit und Wendigkeit verloren, was in der Luft im Kampf mit dem Gegner dem Flugzeug einen entscheidenden Nachteil verschaffen würde.[35]

Als ein weiterer Grund gegen den Einsatz der ME262 als Bomber sprach die aufgrund der Konstruktion eingeschränkte Bodensicht des Piloten.[36]

Wie sich auf der Dreiseitenansicht auf Seite 8 erkennen lässt, befindet sich das Cockpit zentral über den Tragflächen gelegen, was zwar im Kampf mit schnellen Manövern die hohen Beschleunigungskräfte aufgrund des kurzen Hebelarmes zwischen tragflächenschwerpunkt und Pilot verringert, andererseits aber auch die Bodensicht hemmt.

Und so kam es, dass trotz aller Bedenken die ME262 als Bomber umgebaut und so auch eingesetzt wurde.

Jedoch kam es, wie es Messerschmitt und Göring prophezeit hatten. Die ME262 konnte als Bomber nicht punkten und war den Gegnern im Kampf unterlegen, sodass die Nationalsozialisten mit hohen Verlustraten zu kämpfen hatten.

Nach dem Ende des Zweiten Weltkrieges spekulierten viele Generäle und Piloten gerne über ein mögliches Szenario, in dem die ME262 nicht als Bomber sondern als Jagdflugzeug eingesetzt worden wäre.

Es wurde vermutet, die schweren Angriffe auf Norddeutschland im Winter 1943 hätten durch den Einsatz der ME262 abgemildert, ja sogar vereitelt werden können, wenn sie ihrem ursprünglichen Planungszwecke zugeführt worden wäre. [37]

5 Schlussbetrachtung

Zusammenfassend lässt sich über die Flugzeugforschung im Dritten Reich nicht viel Positives sagen. Unkoordinierte Forschungsarbeit, fragwürdige Menschenversuche und viele andere Faktoren lassen diesen Wissenschaftszweig in unserer heutigen Zeit in keinem guten Licht darstehen.

---

[35] ebd
[36] ebd
[37] Ziegler 1978, S.64

Das größte Problem der Luftfahrtforschung, nämlich die fehlende Koordination und Wissensvermittlung zwischen den einzelnen Forschungsstätten, konnte durch die Nationalsozialisten nicht gelöst werden.

Somit blieben auch die Resultate der Forschung - die Kampfflugzeuge der damaligen Zeit - weit hinter ihren Möglichkeiten, denn unter vielen anderen Flugzeugen war gerade die von mir beschriebene Messerschmitt 262 ein anfangs sehr vielversprechendes Projekt.

Jedoch bedeutete Hitlers Entscheidung, die ME262 als Bomber einzusetzen, von welcher er trotz allen Einwänden nicht abrückte einen so großen Nachteil, dass alle anderen Vorzüge dieses Flugzeuges ihn nicht mehr auszugleichen vermochten.

6 Literatur

Maier, Helmut in: Trischler, Helmuth und Schrogl, Kai-Uwe, (Hg.). 2007. *Ein Jahrhundert im Flug, Luft- und Raumfahrtforschung in Deutschland 1907-2007*. Campus Verlag, Frankfurt am Main.

Parvulesco, Constantin. 2006. *Messerschmitt. Das Lebenswerk eines genialen Flugzeugkonstrukteurs*. Heel Verlag GmbH, Königswinther.

Streit, Kurt W. und Taylor, John W.R. o.J. *Geschichte der Luftfahrt*. Verlag Manfred Kerler, o.O.

Ziegler, Mano. 1978. *Turbinenjäger Me 262*. Motorbuch Verlag, Stuttgart.

7 Bildquellen

Benecke, Dr. Theodor, (Hg.). 1989. *Flugerprobungsstellen bis 1945, Johannisthal, Lipzek, Rechlin, Travemünde, Tarewitz, Peenemünde West*. Verlag Bernard&Graefe, Bonn
MilitaryFactory. *elektronisches Dokument.*
    http://www.militaryfactory.com/cockpits/imgs/messerschmitt-bf109g10.jpg
    zuletzt abgerufen am: 20.02.2015
Nationalmuseum der Luftwaffe der Vereinigten Staaten von Amerika. *elektronisches Dokument.*
    http://www.nationalmuseum.af.mil/shared/media/photodb/photos/070703-F-1234S-002.jpg,
    zuletzt abgerufen am: 20.02.2015

BEI GRIN MACHT SICH IHR WISSEN BEZAHLT

- Wir veröffentlichen Ihre Hausarbeit, Bachelor- und Masterarbeit

- Ihr eigenes eBook und Buch - weltweit in allen wichtigen Shops

- Verdienen Sie an jedem Verkauf

Jetzt bei www.GRIN.com hochladen und kostenlos publizieren